INVOCATION

AUX

AUTORITÉS,

RELATIVEMENT

AU SYSTÈME DIFFAMATOIRE

SIGNALÉ

en deux énormes volumes.

SUIVI

DU TEXTE DE LA DÉNONCIATION,
RÉDUIT ET MIS AU NET.

. . . . . *Non temnere Divos.*

PARIS,

HIVERT, Libraire, rue des Mathurins-St-Jacques, n° 18.
DELAFOREST, Libraire, rue des Filles-St-Thomas, n° 7.

1826.

AVANT-PROPOS.

C'est l'esprit du siècle dont les empiètemens, les envahissemens, doivent porter l'effroi. Tandis qu'à sa rencontre, l'intérêt, l'habitude, la passion s'exhalent en paroles, les mœurs relâchées présentent à la contagion le ferment le mieux approprié; et les caractères affaissés, abattus, se hâtent de lui ouvrir les entrées, dans la crainte qu'elle ne les force.

Un mémorable exemple nous en est donné. Il apparaît un Mémoire à consulter, puis une Dénonciation, œuvres étranges, inouïes, où le mal et le bien se rencontrent pêle-mêle, le mal étouffant le bien et le bien faisant ressortir le mal; où les leçons les plus précieuses, les sentimens les plus généreux, sont alliés aux extravagances, sont perdus parmi les outrages, les impiétés.

L'Ajax du Puy-de-Dôme brandit sa lance devers le ciel; et la foudre n'est pas invoquée! Il attaque; on se défendra : Aucune autre pensée ne vient en tête. Il faudra longuement et pésamment contrôler les formes de l'acte judiciaire, alléguer le vague ou la fausseté des faits, démontrer l'incompétence des juges. La peur, mauvaise conseillère, ne soufflera que des fins de non-recevoir, funestes autant qu'ignobles.

L'ennemi devrait trembler plutôt : seulement qu'on fasse volte-face et qu'on prenne l'offensive. Cet acte, légal ou non, éclate en dénonciation contre lui-même ; ces faits, vrais ou faux, le convainquent également de diffamation ; ces juges sont compétens, du moins à l'égard de son propre délit.

La cause est appelée. Il a tant écrit ; que va-t-il dire ? Ce serait vainement qu'il tenterait d'implorer la clémence, en plaidant *guilty* (1). Après que sa plume a causé des maux irréparables, nulle expiation ne peut être satisfaisante, s'il ne vient, armé de la pièce justificative, plaider, *lunatic*. (Voyez l'Appendix.)

----

(1) En Angleterre, afin d'obtenir grace, l'accusé prend souvent le parti de se reconnaître coupable. (En anglais, *guilty*.)

INVOCATION

AUX

AUTORITÉS.

Laissons-la *les Mystères de la vie humaine* (1), revus et corrigés par l'auteur de la Dénonciation. Un tel sujet ne prête pas à l'invention, et repousse les déclamations; il y perdra son talent, son renom; il perdra à sa suite une foule d'esprits subtils, volages, superbes. Les croyances sont peu faciles à entretenir, difficiles à ressusciter, impossibles à créer; l'homme est plus que jamais crédule envers ses sens, incrédule envers sa raison. Tout débat tourne en doute; toute polémique ébranle les principes. Les traditions de nos pères, l'autorité des temps, voilà nos trésors; et du sein de l'Arche sainte s'élève une voix terrible au-devant des novateurs : *Noli me tangere.*

---

(1) Préface, page 18.

Des révélations d'une autre sorte nous seraient plus agréables à recevoir, seraient plus aisées à nous donner de la part du fameux écrivain. Il s'agit aussi d'un mystère, d'un mystère à lui connu et par nous pressenti, du mystère de cette verve volcanique qui lance à travers une nuée de cendres des éclairs de lumière, et vomit la lave enflammée sur les germes à peine renaissans.

Quel est le principe moteur de sa plume? S'il ne lui convient pas de nous fournir la solution de ce problème, noûs serons réduits à la chercher par la méthode d'élimination.

Serait-ce l'amour pour la religion? Qu'il se hâte alors, et la tête nue, la torche à la main, qu'il aille faire amende honorable à la porte du temple, reniant à haute voix cette phrase anti-chrétienne, anti-sociale, anti-sensée : « Population qui va à la boutique des remèdes de l'ame comme à celle des remèdes du corps, à son heure, à sa commodité, quand cela lui convient. » (*Post-scriptum, pag. 48.*)

Serait-ce la haine pour la religion? Qu'il se rétracte de même et rature dans son ouvrage, quoiqu'il doive lui en coûter, cette brillante prosopopée, ce sublime mouvement oratoire. « En m'adressant à toute cette troupe sainte que j'offense, je pourrais m'écrier comme l'amante de Rodrigue: VA, JE NE TE HAIS PAS. » (*Ibid., pag. 62.*)

On ne croira pas davantage que la terreur se soit

emparée de son imagination, à l'aspect de ce système religieux et politique, tendant à renverser la religion, la société et le trône. Les faits dont il se glorifie démentent les craintes qu'il se supposerait : « Il provoquera infailliblement les pétitions d'un million de citoyens... Il a été défendu par plus de cent mille *honorables* lecteurs... Il a été *honorablement* défendu par des journaux qui disposent d'une immense majorité. » (*Post.*, *p.* 17 *et pag.* 7 *et* 8.)

A la tête d'une pareille armée, *Thersite* lui-même n'auroit pas pris peur. Cette troupe sainte, cette poignée de monde, qui, marchant au pas de charge, doit laisser en arrière un nombre de traîneurs, n'est pas de force à renverser ni la société, ni le trône, soutenus comme ils sont par un tel héros et par de telles bandes.

Mais d'où vient donc l'esprit qui le domine, qui le possède ? car on ne peut supposer décemment que ce soit l'esprit de vertige, de frénésie, de rage. Le reflet des temps passés jettera peut-être quelques vagues lueurs parmi les ténèbres amoncelées sur l'horizon.

Il fut un homme qui, suivant ses aveux, accueillit à sa rentrée en France, un traitement (de 6,000 fr.) en indemnité d'un journal anglais établi dans l'intérêt de ses premiers maîtres, et qui resta attaché (moyennant salaire) pendant treize ans, de 1801 à 1814, au département des affaires étrangères, sous son maître nouveau (*pag. 45*).

Il fut un homme dont le génie familier, de même nature que le vif-argent, se tenant au beau fixe en fait de féodalité, au variable à l'égard de la légitimité, à la tempête sous le rapport de la religion, fabriqua trois gros volumes de *Monarchie française*, à l'usage de la majesté impériale ; et, comme si de rien n'était, au retour de l'autorité royale, continua le même œuvre, sous le même titre, dans le même sens.

Il fut un homme sous le nom duquel parurent naguères, dans le journal dévolu au ministère des affaires étrangères, quatre lettres trop fameuses, destinées sans doute à servir d'annonce à la publication des ouvrages médités ; un homme au sujet duquel ledit journal, inquiet et attristé devant la charge que lui impose l'opinion honnête, avant de traiter du livre, se promène longuement entre les éloges et les excuses, quant à la personne (1er mars.)

Les faits parlent. Il importe peu de chercher en quelle proportion y ont coopéré l'incandescence du cerveau, le besoin de la célébrité et l'ascendant de la séduction ; la question se borne à découvrir si quelque motif, quelque intérêt, devaient engager le ministère à mettre en action

ces élémens de désordre, à faire emploi d'un ins-
trument de cette puissance. Les faits nous ins-
truiront encore.

Depuis deux ans, certains journaux se jouoient
de tout ce qui est sacré, et la justice, les mains
liées, frémissait impatiente de vengeance. Mais les
pieuses craintes et les saintes douleurs n'émeuvent
nullement. On attendoit que la coupe du scandale
eût débordé, qu'un prétexte plausible permît de
réclamer la mise du scellé sur les presses. Sans
doute, les défenseurs des libertés publiques n'al-
loient pas se faire les satellites du despotisme bu-
reaucratique ; et la discorde s'insinuait ainsi entre
les ministres de la justice et les ministres de la
miséricorde, ordres vénérés auxquels fut confié
l'exercice des premiers attributs de l'Etre su-
prême. C'étoit, sans coup férir, abattre deux
puissans ennemis.

Un magistrat célèbre avait préféré de subir dix
années de prison et d'exil plutôt que de ployer le
genou devant un d'Aiguillon, une du Barry, idoles
ministérielles de ces temps. Il fallait faire un
exemple. Et de plus, *la Chalotais* ne fut pas étran-
ger aux affaires des Jésuites. « Que dites-vous là ?
Les Jésuites en scène ! Quel coup de théâtre !
Y aura-t-il donc du bruit, du scandale ? D'une
part, les esprits vont être enlevés, troublés,
distraits ; de l'autre, des prosélytes fervens, des

antagonistes obstinés, vont se déchirer. N'est-ce pas trop de bonheur ? »

Il n'y a qu'un pas à faire de la chaire de diffamation au fauteuil du grand inquisiteur ; un saint prêtre sera amené sur la sellette, sera donné en spectacle. « Sait-il donc ce qu'il faut dire et écrire, ce qu'il faut penser et croire ? On va lui faire la leçon. Mais est-ce une loi de l'État que la déclaration du clergé ? Mais est-il illicite de discuter une loi de l'État ? De telles questions sont oiseuses ; leur solution mettrait les honnêtes gens d'accord entre eux, d'accord contre nous. Ne souffrons point cela. La police correctionnelle y pourvoira. »

Or, sur ces voies ténébreuses, la fatalité pousse et presse de plus en plus. Voyez comme les partis déchaînés se battent à outrance : hier encore, ils rugissaient contre leurs gardiens ; aujourd'hui ils semblent leur porter d'humbles actions de grace. Mais qu'on ne les laisse pas se reposer, se reconnaître ; quelque fatale transaction s'en suivrait, et l'ennemi commun resterait seul en butte à leurs attaques.

C'est ainsi qu'une combinaison, qu'une conspiration machiavélique est excitée à se former, ou plutôt à se prolonger, principalement dirigée en ce moment contre une opinion faible en nombre et puissante en autorité, qui, voyant tant d'adversaires dominés par le respect, ouvrir leurs rangs devant ses pas, pourrait être tentée de marcher droit au pouvoir.

Seulement il faut un séide. Ses titres et ses talens seront imposans ; une tête qui s'embrase au feu de la mêlée, une conscience qui erre au gré des plus incurables manies, serviront admirablement ; et chacun peut croire qu'on se fera un jeu de le tromper, un plaisir de le désavouer, une volupté de le sacrifier, si besoin est.

Y a-t-il un séide ? Nous verrons bien. La Chalotais, La Mennais furent poursuivis avec acharnement, en leur qualité de représentans d'une section de la Société : et maintenant c'est bien une autre section qui s'agite et s'irrite ; c'est bien un autre représentant qui marche en tête et guide la foule égarée ; ce sont bien d'autres droits, d'autres intérêts, tous réels, tous présens, non plus menacés hors de portée, mais attaqués à boulet rouge.

Si la justice n'est réveillée enfin, si le parquet ne s'émeut et ne tonne, si la cour ne foudroie, qu'on n'aille pas en donner mille et mille raisons ; la cause est toute simple, le motif tout puissant : derrière le boute-feu qui secoue la torche ardente, se tient celui qui l'alluma.

Certes, ce ne sont pas les lois qui manquent. Il existe des lois dans tous les sens, à tous les goûts, pour tous les cas : la preuve en est fournie par cet arrêt, miraculeusement balancé entre le crime et la peine, qui réprime, au moyen d'une amende de 5o francs, l'émission d'une doctrine tendant, dit-on, à bouleverser le monde. Les juristes ne seront embarrassés que sur le choix.

Ce ne sont point les délits qui manquent. En feuilletant les huit cents pages du *Mémoire à consulter* et de la *Dénonciation*, il y aurait à extraire une immense quantité de faits criminalisés par la loi : insultes, injures, outrages, calomnies, diffamations, contre les personnes, contre des classes, contre un ordre, contre le dogme et le culte ; il y aurait à tomber sur cette tête inclinée devers la fosse, un siècle de prison ; à frapper sur cette fortune réduite dans les mauvais temps, un million d'amende.

Mais un point prédomine. Et sur ce point le démon se serait abstenu : le démon, mieux avisé, ne se serait pas porté à entasser de tels délits : délits superflus qui ne mènent à aucune fin ; délits malencontreux qui nuisent au lieu de servir ; délits extravagans que soufflent les emportemens de l'orgueil aigri et de la haine envenimée.

Il venait d'apparaître, non pas une adresse au Roi, mais une déclaration adressée au Roi par les évêques de France. Elle s'exprime cathégoriquement à l'égard de l'indépendance de l'autorité royale, sujet important sur lequel s'exerçaient depuis peu les thèses de l'école : elle ne s'exprime nullement quant à la suprématie du concile ou du Pape, question abstraite qui n'avait pas été et qui ne pouvait être soumise aux débats.

Dans la déclaration actuelle, il n'est point fait mention de l'ancienne déclaration; attendu, sous le premier rapport, que les évêques de France, parfaitement d'accord en 1826 et 1682, ont maintenant, tout comme alors, le droit d'émettre leurs opinions, d'établir leurs maximes, et auraient de plus le droit d'examiner et modifier les principes admis par la puissance à laquelle ils ont succédé ; attendu, sous le second rapport, qu'en l'année 1826, un siècle et demi écoulé depuis 1682, rejetait à une distance incommensurable le souvenir des démêlés entre les pouvoirs de l'Eglise, et que, dans l'ère où entrait l'Europe catholique, l'idée même se refusait à la possibilité de les voir renaître.

En un mot, les évêques étaient appelés à cautériser un vieil ulcère qui menaçait de se rouvrir, et non pas à raviver des plaies depuis long-temps fermées.

Tel est le texte dont s'empare avidement une imagination délirante. Et voici comment il est interprêté; comment cet acte qui n'avait recueilli encore que des bénédictions, se trouve caractérisé et qualifié d'un trait de plume.

« C'est un acte attentatoire aux lois de
« l'Etat,

« Une adresse attentatoire aux droits de la
« couronne,

« Une prétendue profession de l'indépendance
« du trône,

« Une déclaration inventée pour anéantir la
« précédente,

« Une doctrine ultramontaine vernissée de di-
« verses manières,

« Une dernière espèce d'ultramontanisme,

« . . . . . . plus vénéneuse encore que la pré-
« cédente,

« . . . . . . enveloppée de dissimulation,

« . . . . . . enveloppée des formes de l'adu-
« lation. »

« C'est une adresse captieuse,

« *En ce que* ladite adresse ne fait pas mention
« de la déclaration de 1682,

« Laquelle, à raison de cette omission, a l'air
« d'être négligée, d'où l'on peut croire qu'elle
« est désormais jetée dans l'oubli.

« C'est un acte captieux,

« *En ce que* cet acte semble consacrer le
« dogme de l'infaillibilité du Pape,

« Qu'on tient ainsi en réserve pour le produire
« quand il le faudra, et d'une manière décisive,

« au premier conflit qui s'élèvera ou qu'on élè-
« vera. »

Jamais encore une matière aussi riche ne s'était présentée sous la main de la justice. A travers ce débordement d'infamies et de turpitudes, par lequel est ravagé et flétri le sol de l'opinion, c'est un dernier scandale qui s'élève, qui surmonte les autres, les coule à fond.

D'une part, les ames religieuses, les caractères honnêtes, les esprits sensés, se confondent en un même sentiment.

« Rien n'est sacré, s'écrient-ils. Le corps des évêques de France, l'ordre du haut clergé, se voit accusé du crime de fraude, du crime de trahison, du crime de conspiration ; crimes aussi détestables devant Dieu que devant les hommes : et cette classe révérée à qui la sainteté de ses fonctions interdit de descendre dans l'arène, attend vainement que le gouvernement sente son devoir, fasse son métier.

« Toute pudeur, toute prudence se sont donc évanouies ? Le délit porte un brevet d'impunité. Il faudra que la calomnie daigne s'imposer des limites, daigne s'arrêter au pied des marches du trône. Et quant à la religion, qu'elle se retire, qu'elle se réserve pour de meilleurs jours : ses mystères, ses dogmes, ses lois, auxquels doivent se soumettre et l'esprit et le corps, auraient peu de chances à lutter contre la furie, contre l'astuce de tant d'ennemis. »

De l'autre part, que voyons-nous? Ce qui conniva un complot, ce qui profitera du complot !

Et devons-nous ranger dans le nombre, ainsi frappés d'aveuglement, les ministres du Roi très chrétien? Devons-nous croire qu'ils n'aspiraient qu'à étouffer les mornes rumeurs de la haine publique, sous le bruit tumultueux des trompettes du scandale, et qu'à cette heure, ils prennent repos, se félicitant, se glorifiant en leurs œuvres.

Peu de jours nous l'apprendront.

APPENDIX.

Texte de la Dénonciation, etc. (1)

(Réduit et mis au net.)

Ce 16 juillet 1826, je soussigné, anciennement député aux États de 1789, attaché pendant 25 ans aux affaires étrangères, informé de différens faits graves commis par différens personnages, et désirant en ma qualité de chrétien, de citoyen, de gentilhomme, donner connaissance à l'autorité, de ces délits ; après avoir conféré avec un grand nombre d'amis religieux et d'après l'avis d'un grand nombre de jurisconsultes, réunis, à l'effet de délibérer sur *le Mémoire à consulter*, relativement à un système religieux et politique, système résultant des quatre *fléaux* suivants :

1° Un ensemble de congrégations répandues dans toutes

---

(1) Pour indiquer le sens et dévoiler l'esprit de la *Dénonciation*, il a fallu la dégager d'un fatras de phrases incidentes, la réduire à sa plus simple expression , *la mettre au net*, en observant de ne pas changer, de ne pas déplacer un seul mot.

L'auteur sera peut-être étonné de retrouver ainsi le trait primitif de sa pensée.

la France. 2° Divers établissemens de la société *odieuse* des Jésuites. 3° La profession patente ou *dissimulée* de l'ultramontanisme. 4° L'esprit d'envahissement des prêtres, résultant de leurs *empièlemens* sur l'autorité civile, ainsi que d'une multitude d'actes *tyranniques*.

Lesquels avocats ont *tous* été unaniment d'avis, que j'avais, *à cause de ma position*, le devoir rigoureux de dénoncer lesdits délits : AI RÉSOLU, par acte déposé doublement, au greffe et au parquet, de dénoncer juridiquement, c'est-à-savoir :

1° L'existence de plusieurs affiliations illicites, parmi lesquels quelques-unes ayant pour objet *apparent*, des exercices de piété, d'autres celui de propager la foi, d'autres celui de répandre la morale, *paraissent* toutes liées sous une direction centrale, *tendent à raison* de promesses, de sérmens ou de vœux, à se *composer* dans l'État une influence particulière, au moyen de laquelle elles espèrent maîtriser l'administration, le ministère et le gouvernement.

2° En ce qui concerne les Jésuites, je dénonce l'existence *flagrante* d'un établissement *jésuitique*, appelé de *Mont-Rouge*, situé dans la banlieue de Paris, en infraction des lois. Que cet établissement soit positivement jésuitique, les religieux de cette maison ne le dissimulent pas : ce qui se rapporte au surplus à une lettre de Rome du général de cet ordre ; ce qui enfin ne peut plus offrir de doute, depuis l'aveu fait solennellement par un ministre.

Concurremment avec ces établissemens, je crois devoir dénoncer comme *complices*, fauteurs des Jésuites, les *mandemens* de plusieurs évêques, savoir : 1°;... 2°;... 3°;... 4°;...

La Cour distinguera sûrement ce qui appartient à la liberté de la presse dans de simples individus, et ce qui concerne des prélats qui parlant avec *l'autorité* de leur ministère, élèvent par cela-même *drapeau* contre *drapeau*, *autorité* contre *autorité*.

5° En ce qui concerne l'ultramontanisme, je dénonce non plus, une doctrine ultramontaine, *frénétique*, audacieuse ; doctrine d'abord avouée ouvertement, puis *vernissée* de diverses manières : je dénonce expressément cette dernière espèce d'ultramontanisme, plus *vénéneuse* encore que la précédente, attendu qu'elle a su s'envelopper de dissimulation et des formes de l'adulation.

Sous ce rapport, je dénonce comme *captieuse* et *attentatoire aux droits de la couronne* et aux lois de l'État, une adresse au Roi, signée par plusieurs évêques de France, contenant une *prétendue* profession de l'indépendance de l'autorité royale ; *en ce que*, dans ladite adresse, il n'est nullement fait mention de la déclaration du clergé de 1682 ; laquelle à raison de cette *omission*, a l'air d'être *négligée* et délaissée, d'où l'on *peut* croire qu'un acte consacré par nos ancêtres, est désormais jeté dans *l'oubli* et en quelque sorte dans le *néant*.

(20)

J'ai appelé la nouvelle déclaration des évêques, *inventée* pour anéantir la précédente, *un acte captieux et attentatoire aux lois de l'Etat*, en ce que cet acte *semble avoir moins* pour objet d'assurer l'indépendance royale, *que* de *consacrer* le dogme de l'infaillibilité du Pape, *qu'on tient ainsi en réserve*, pour le produire *quand il le faudra*, et d'une manière décisive, au premier conflit qui s'élèvera ou *qu'on élèvera* dans des matières qu'on *affecte* d'appeler MATIÈRES MIXTES etc., etc.

FIN.

A. PIHAN DELAFOREST,
IMPRIMEUR DE MONSIEUR LE DAUPHIN,
rue des Noyers, no 37.